स्त्री : इक्कीस आयाम

हर भूमिका में एक नई पहचान

कुमुद सिन्हा प्रियदर्शी

BookLeaf Publishing
India | USA | UK

Made with ❤ on the BookLeaf Publishing Platform
www.bookleafpub.in
www.bookleafpub.com

Dedication

मेरे "माता-पिता"

और

मेरे "पति" को -

मेरे माता-पिता (श्री कमल किशोर एवं श्रीमती रजनी सिन्हा) ने स्नेह, विश्वास और संस्कारों से मेरा पालन-पोषण किया और मुझे आत्मविश्वास व गरिमा से परिपूर्ण एक सशक्त व्यक्तित्व के रूप में बड़ा किया।

मेरे पति (श्री अपूर्व प्रियदर्शी) ने इस विरासत को आगे बढ़ाते हुए मेरे जीवन को नए दृष्टिकोण, आधुनिक सोच और अटूट सहयोग से समृद्ध किया, और हमेशा मुझे सम्मानित व विशेष महसूस कराया।

"आज मैं जो भी हूँ, उसके लिए मैं आप लोगों की कृतज्ञ हूँ।"

Preface

यह किताब मेरे जज़्बात और सोच को स्याही और कागज़ के ज़रिए बयाँ करने की एक कोशिश है - इस उम्मीद के साथ कि घर संभालने वाली वो तमाम औरतें , जिनके पास शब्दों की ताक़त, गहरी समझ और कोमल दिल है,अपने दिल की आवाज़ को एक पहचान दें।

अपनी रोज़मर्रा की ज़िंदगी में मैं ऐसी कई काबिल और हुनरमंद औरतों से मिलती हूँ, जो घर की ज़िम्मेदारियों और बच्चों की परवरिश में इस क़दर मशग़ूल हो जाती हैं कि कहीं न कहीं ख़ुद को ही भूल बैठती हैं। उनके अंदर छुपी काबिलियत, एहसास और ख़याल अक्सर अनकहे रह जाते हैं।

इस किताब के ज़रिए मेरी कोशिश है कि हर औरत अपने अंदर झाँके,अपनी पहचान को फिर से महसूस करे,और अपने जज़्बात को अल्फ़ाज़ का सहारा देकर उन्हें अभिव्यक्त करने की हिम्मत जुटाये।

Acknowledgements

यह पुस्तक केवल कविताओं का संग्रह नहीं है, बल्कि एक स्त्री के जीवन के विविध रूपों का सजीव प्रतिबिंब है जिन्हें मैंने महसूस किया, देखा और गहराई से जिया है तथा कुछ चरित्रों को पढ़कर समझा है।

मैं उन सभी महिलाओं के प्रति अपनी हार्दिक कृतज्ञता व्यक्त करती हूँ, जिनकी शक्ति, त्याग, प्रेम और धैर्य ने इन कविताओं को प्रेरित किया। प्रत्येक कविता में उनके व्यक्तित्व की झलक समाहित है।

मैं अपने पति, अपूर्व, का विशेष रूप से धन्यवाद करती हूँ, जिन्होंने सदैव एक पाठक के दृष्टिकोण से मेरे लेखन को पढ़कर उसे और बेहतर बनाने में मेरी सहायता की। उनके सुझाव और प्रोत्साहन मेरे लिए अत्यंत मूल्यवान रहे हैं।

मेरे प्रिय पुत्र, अशांक और आरव - आप दोनों के मेरे जीवन में आने से मेरे भीतर एक नई परिपक्वता और गहराई का विकास हुआ है। आप मेरे जीवन की सबसे अनमोल प्रेरणाएँ हैं।

अंत में, अपने सभी पाठकों का धन्यवाद - आपके हाथों में यह पुस्तक ही मेरे लेखन की सार्थकता है।आशा है कि ये कविताएँ आपके मन को स्पर्श करेंगी और आपको स्वयं से जुड़ने का अवसर देंगी।

सादर,
कुमुद सिन्हा प्रियदर्शी

1. औरत

मैं जीती-जागती औरत हूँ, कोई ख्याली कहानी नहीं,
मुफक्किर भी हूँ, सिर्फ़ जज़्बातों की बहती रवानी नहीं।

न मुझे ताज चाहिए, न ही कोई ओहदा, न कोई तख़्त,
न बराबरी का शोर, न आज़ादी, न इबादत का वक़्त।

बस इतनी-सी ख़्वाहिश मेरे दिल के पिटारे में पलती है -
ख़ुश हूँ, गर मुझे मेरी तरह जीने की मोहलत मिलती है।

न सर पर बिठाओ, न दीवानख़ाने में मेरा पोस्टर लगाओ,
मुझे मेरी तरह रहने दो - बस इतनी दरियादिली दिखाओ।

फिर देखना -

मेरी ख़ामोशी से भी घर का हर एक कोना सँवर जाएगा,
मुझे मेरा आसमान दो... बाकी सब ख़ुद सुलझ जाएगा।।

ख्याली - Imaginary, मुफक्कीर - Thinker, रवानी - Stream,
ओहदा - Title, इबादत - Worship

2. गृहिणी

घर के दरवाज़े पर चाहे कहीं, किसी का भी नाम लिखा हो,
मगर घर की पहचान उससे है, जो चुपचाप उसे सँवारती है।

छज्जों को मजबूती से थामे, धूप, सर्दी, बारिश से बचाती है,
वही तो हर मौसम में मामूली चारदीवारी को घर बनाती है।

हर दीवार पर उसके हाथों की कारीगरी की छाप बसी है,
हर कोने में उसकी मौजूदगी और सादगी की महक रची है।

रसोई की आँच में पकवान नहीं, उसके सपने भी पलते हैं,
आँगन में तुलसी संग मन में कई अरमान भी खिलते हैं।

हर कमरे की छत पर उसके अनगिनत रंगीन ख़्वाब टंगे हैं,
चौखट, सीढ़ी, हर क्यारी में उसके कदमों के निशान सजे हैं।

नाम भले ही किसी का भी हो, उस फाटक की तख्ती पर,
हर जन्म में घर गृहिणी का था, उसी का है, उसी का रहेगा॥

3. बेटियाँ

बचपन से यही सुनती आई हूँ - "पराई होती हैं ये बेटियाँ।"
पर हर धड़कन में बसी, क्या कभी पराई होती हैं बेटियाँ?

जिगर का टुकड़ा कहकर भी, क्यों दूर कर दिया जाता है,
ख़ुद के दिल को किसी और के नाम क्यों किया जाता है?

जो आँगन में हँसी बनकर हर रोज़ यहाँ-वहाँ मँडराती है,
वो कैसे एक पल में चुपचाप किसी और की हो जाती है?

जिसकी हर धड़कन में अम्मा-बाबा की साँसें बसती हैं,
वो रिश्तों की डोर से क्यों यूँ अलग-थलग-सी दिखती है?

सच तो ये है कि बेटियाँ कभी भी क़तई पराई नहीं होतीं,
वो चाहे जहाँ भी रहें, पीहर-ससुराल की मेरुदंड होती हैं।

अब सोच बदलनी होगी - "पराई" नहीं, वो जोड़ होती हैं,
बेटियाँ वो सेतु हैं, जो रिश्तों में दूरियों की तोड़ होती हैं॥

4. पुत्रवधू

नए घर में आई है... नए सपनों के संग,
अपने रंगों से भरने को हर एक उमंग।

क्यों कहें "बेटी" उसे... क्यों बदलें पहचान,
बहू भी तो है... अपने आप में एक सम्मान।

नाज़ुक नहीं - मज़बूत है उसके इरादों की डोर,
उसे बस समय और समझ चाहिए...न कोई और शोर।

आज़ादी उसकी साँसों में है... उसके हर विचार में,
फिर क्यों बाँध के रखें हम उसे... अपने ही अधिकार में?

सम्बन्ध खिलते हैं वहाँ... जहाँ अपनापन मिलता है,
भरोसे और धैर्य से ही... हर रिश्ता नाता संभलता है।

दे दो उसे वो जगह... जहाँ वो खुलकर मुस्कुरा सके,
नए घर को अपनेपन से... सच में अपना घर बना सके॥

5. काली

जब सहनशीलता... अपनी पराकाष्ठा छू लेती है,
और हर राह पर... अंतहीन सन्नाटा पहरा देता है...
जब कहीं... कोई हाथ थामने को आगे नहीं आता, तब -

नारी का अंतर्मन... विकट ज्वाला बन जाता है।
वो अबला नहीं...अदृश्य, अपार शक्ति का विस्तार है,
उसके हर एक आँसू के पीछे...तपता हुआ एक अंगार है।
वो काली बनकर... अन्याय का संहार करती है, तब...

वह अपने अस्तित्व का... स्वयं उद्घोष करती है।
ना उसे सहारे की ज़रूरत है...ना ही किसी की छाया,
वो स्वयं ही अपनी शक्ति है...वह स्वयं... अपनी माया।

याद रखो -

काली रूपी स्त्री... दुनिया को ये सत्य सिखा जाती है -
कि स्त्री... स्वयं में पूर्ण है, स्वयं में परिपूर्ण...
और समय आए... तो स्वयं ही त्राता बन जाती है॥

6. बहनें

बहनें घर की चिंगारी हैं, जो हर दिल को रोशन कर जाती हैं,
थोड़ी नटखट, थोड़ी सयानी, हर पल हँसी बिखेर जाती हैं।

कभी माँ-सी डाँट लगाए, कभी दोस्त बन राज छुपाती हैं,
अपनी हर छोटी ख़्वाहिश को चुपके से दिल में दबाती हैं।

जब रूठ जाएँ तो घर लगे सूना, मानें तो त्योहार बना देती हैं,
अपने हिस्से की खुशियाँ भी चुपचाप हम पर लुटा देती हैं।

दिल की बात बताऊँ तो, ये रिश्ता घर की धड़कन होता है,
ये ज़िंदगी की जगमगाहट ही नहीं, जीने की वजह होता है।

जब माँ-बाबुल साथ न रहें, बहनें ही मायका बन जाती हैं,
एक-दूजे की बाँहों में फिर, बचपन की दुनिया बसा जाती हैं॥।

7. माँ

जिस दिन मैं माँ बनी, उस पल समझ में आई ये बात,
कितना प्यारा, अनमोल है एक माँ और बच्चे का साथ।
तेरे जैसा ही उल्लास पल-पल मेरे अंतर्मन में रचता है,
तेरा ही रूप, कुछ तुम-सा अंदाज़, मेरी आँखों में बसता है।

जब मेरे बच्चे बीमार होते हैं, तो मैं तुझको ही याद करूँ,
तुम्हारी हथेली के जैसा जादू थोड़ा मैं भी आबाद करूँ।
तेरे नर्म हाथों की गर्माहट, तेरी आँखों में छलकती दुआ,
आज कुछ-कुछ वैसा ही असर मेरे बच्चों पर भी हुआ।

तेरी डाँट आज भी, अब भी बेइंतहा मीठी लगती है, माँ,
मानो हर एक गाली में भी चिपकी है सुरक्षा की दवा।
जब मैं इन्हें डाँटती हूँ, तो मेरी आवाज़ तुझसे मिलती है,
तेरी वो अनगिनत सीख मेरी भी ज़ुबान से निकलती है।

तूने जन्म दिया, पहचान दी, मेरे संपूर्ण अस्तित्व को माना,
माँ बनने के बाद ही मैंने भी ममत्व का पाठ्यक्रम जाना।
माँ होना गहन साधना है, कठिन तपस्या है, पूजा का मंत्र,
अगर, यह उत्तरदायित्व ब्रह्मांड है - तो तू है इसका केंद्र॥

8. सरस्वती

नारी का एक रूप सरस्वती, ज्ञान की निर्मल धारा है,
उसकी वाणी में छिपा सदा जीवन का उजियारा है।

वीणा-सी मधुरता लेकर, प्रत्येक मन को छू जाती है,
अज्ञान के घनघोर तम में दीपक बन जल जाती है।

उसकी दृष्टि में ज्ञान बसे, हर पथ को सरल बनाती है,
संस्कारों की सरिता बनकर जग को दिशा दिखाती है।

उसके विचारो की शक्ति, है सृजन का सुंदर आधार,
नारी का सरस्वती रूप ही वसुंधरा का सच्चा श्रृंगार।

जिस घर में नारी को पढ़ाई-लिखाई से सँवारा जाता है,
वहीं यथार्थ में माँ शारदा की सच्ची पूजा कहलाता है॥

9. नानी

माँ की माँ का रिश्ता केवल मनोभाव नहीं, गहरा विज्ञान है,
धड़कन और रक्त के कतरे में नानी का भी अंश समान है।

नौ महीनों की यात्रा की चश्मदीद अधिकांश वही होती है,
माँ के संग-संग वो भी ममता और प्रतीक्षा में डूबी होती है।

इसी पूर्ववृत्त स्वरूप से उसका स्नेह अत्यंत गहरा होता है,
हर स्पर्श में प्रेम-संरक्षण का अथाह सागर ठहरा होता है।

बरसों के अनुभव से जो विस्तृत विषय-बोध उसने पाया है,
वही कौशल नाती-नातिनों के परवरिश में आज़माया है।

उसके हर कथन में परंपरा व संस्कारों की धारा बहती है,
अतीत से वर्तमान तक, वो पीढ़ियों को कसकर जोड़ती है।

नानी का वात्सल्य बस ऐसे ही अद्वितीय नहीं कहलाता है
विज्ञान, मनोभावों और संवेदना का संगम इसमें समाता है॥

10. कामकाजी

आजीविका और आकांक्षाओं की राह में चलती हुई वो,
घर की रसोई और दहलीज़ पर हर रोज़ ठहरती हुई वो।

भागमभाग सुबह, उलझी हुई शाम, दोपहर की थकान लिए,
फिर भी मुस्कुराती है, दिलो-दिमाग़ में बेहिसाब तूफ़ान लिए।

अपने बच्चों की खिलखिलाहट उसकी रूह को पुकारती है,
घड़ी की सूई से बँधी वक़्त की ज़ंजीर रोज़ाना सँभालती है।

बच्चे की पहली बोली, पहला क़दम कहीं छूटता जाता है,
वर्किंग माँ का दिल इन "मिसिंग मोमेंट्स" से टूटता जाता है।

अनगिनत ज़िम्मेदारियों के तले, ख़ुद को कुछ यूँ बाँट देती है,
हर ख़्वाब जीते हुए भी, चंद ख़ास, नायाब मंज़र खो देती है।

तालमेल के उबड़ खाबड़ रास्ते में कई दफे गिरना मुमकिन है,
सँभलकर हर लड़खड़ाहट को फिर से मुकम्मल कर लेती है॥

11. नवदुर्गा

नवरात्रि की नौ रात्रियों में, शक्ति का अद्भुत रूप,
हर दिन आती माँ दुर्गा, लेकर एक नया स्वरूप।

शैलपुत्री पहली शक्ति, दृढ़ पर्वत जैसी दृढ़ता लाए,
ब्रह्मचारिणी तप की देवी, संयम का पाठ सिखाए।

चंद्रघंटा रण की रानी, अदम्य साहस का दीप जलाए,
कूष्मांडा सृष्टि की जननी, जीवन में उजियारा लाए।

स्कंदमाता ममता की मूरत, स्नेह का सागर बहाए,
कात्यायनी वीरता बनकर, अन्याय को दूर भगाए।

कालरात्रि भय का नाश करे, अंधकार सब हर जाए,
महागौरी शुद्धि की देवी, मन-चित्त को निर्मल कर जाए।

सिद्धिदात्री वरदानों की वर्षा, भक्तों का जीवन सजाए,
नौ रूपों में माँ की महिमा, हर हृदय में स्नेह-दीप जलाए॥

12. नर्स

बीमार शैय्या पर जब, हौसलों के दीप बुझ जाते हैं,
वो धीमे कदमों से आकर, फिर उम्मीद जगा जाती है।

धवल वेश में मानो, जैसे कोई देवदूत उतर आया हो,
उसके हर कोमल स्पर्श में गहन सुकून समाया हो।

न कोई परिचय, न अपनापन का कोई बंधन होता है,
फिर भी हर वेदना में वो शख़्स अटूट साथ निभाता है।

रिश्तों की सीमाओं को नया, अनुपम अर्थ सिखाती है,
नर्स बनकर मानवता की सजीव मिसाल बन जाती है।

सेवा के इस रूप को हृदय से सम्मान मिलना चाहिए,
इन फ़रिश्तो को बज़्म में खास पहचान मिलना चाहिए॥

13. माई (दादी)

सफ़ेद बालों में मानो पूर्णिमा की चाँदनी उतर आई हो,
उसकी कही हर कहानी में एक जादुई दुनिया बसाई हो।

शैतानियों पर पड़ती डाँट में भी छुपा होता था अपार स्नेह,
और हर त्यौहार व कामयाबी में उनका आशीर्वाद विशेष।

होली-दशहरे में दही-बड़े और पुआ तलती चौके के द्वार पर,
छोटे या बड़े - दो-चार ज़्यादा ही खा जाते उसके मनुहार पर।

बूढ़ी, थकी, अनुभवी आँखों में अथाह ममता बँध आई थी,
चुड़ी-मुड़ी आँचल, गदराई झप्पी में हर मर्ज़ की दवाई थी।

माई (दादी) के आँगन में अपना बचपन मुस्कुराता था,
साथ चलती थी वह, तो कैसा भी डर फुर्र हो जाता था।

वो चली गईं, तो हमारा दिलकश ददिहाल सूना-सा हो गया,
बेफिक्री, सुकून, दुआओं, पकवानों का सुंदर जहाँ खो गया॥

14. सखियां

जो कभी तुम रोओ, तो पहले वीडियो बनाएँगी कॉन्टेंट के नाम पर,
फिर गले लगाकर कहेंगी "हो गया ना, अब चल अपने काम पर।"

तुम्हारी चुग़ली करने का हक़ सिर्फ इनके कॉन्ट्रैक्ट में लिखा होता,
कोई और बोल के तो देखे फिर इनसे सख़्त बुलेटप्रूफ़ नहीं होता।

मूड ऑफ है बताओ तो जमकर गालियों की बारिश कर जाएँगी,
वही फट से, मिनट में तुम्हारा बिगड़ा मिज़ाज दुरुस्त कर जाएँगी।

नए-पुराने राज़ तुम्हारे जानती हैं, पर हर बार नया ड्रामा रचाएँगी,
लेकिन किसी के सामने यक़ीन से "ये तो बड़ी सीधी है" बताएँगी।

जब कभी गिर जाओ, तो पहले हँसेंगी, फिर हाथ पकड़ के उठाएँगी,
ये सखियाँ हैं जनाब ताने के बाद समोसे के संग चाय भी पिलाएँगी॥

15. उर्मिला

वनवास को जब गए लक्ष्मण, संग चले थे राम-सीता,
अयोध्या में रह गई उर्मिला, बनकर एक अधूरी प्रीता।

चौदह वर्ष का विरह मिला ना कोई वचन, ना कोई प्रश्न,
बस कर्तव्य की चादर ओढ़े, वेदना सहती रही हर क्षण।

त्याग से बढ़ा लक्ष्मण का मान, सारे जग ने शीश नवाया,
उसके हिस्से आई खामोशी, कब किसने फ़िक्र जताया?

ना वन देखा, ना साथ मिला, फिर भी तापसी ना कहलायी,
उनकी नींद का भार उठा, अपनी रातें भी सोई, दिन गँवायी।

अतीत के पन्नों में अक्सर, उसका नाम धुंधला-सा रह जाता,
हर बलिदान की छाया में, उर्मिला का अंश कहीं छुप जाता।

वो भी थी उस कथा का हिस्सा, बस महिमा में ना ढल पाई,
दुख उसका भी तो कम नहीं था, बस दुनिया समझ न पाई॥

16. माद्री

माद्री, एक नाम जो अधिकतर खो जाता है,
इतिहास के गलियारों में कहीं सो जाता है।

रूप था उसका जैसे कोई मधुर चाँदनी रात,
पर भीतर थी छुपी एक गहरी अनकही बात।

पांडु के संग उसने अपना जीवन सजा लिया,
पर उसी साहचर्य ने अंत का दीप जला दिया।

ममता के समंदर में खुद को पूरा डुबो दिया,
नकुल-सहदेव में जीवन का अर्थ खोज लिया।

एक क्षण की आग ने सब कुछ निगल लिया,
दाम्पत्य की आकांक्षा को भस्म में बदल दिया।

पर उसके हृदय का दर्द किसी ने नहीं जाना?
माद्री का सच एक बार फिर रह गया अनजाना॥

17. चित्रांगदा

मणिपुर की प्रबल माटी से गूँजी एक आवाज़,
चित्रांगदा सिर्फ़ नाम नहीं था, था एक आग़ाज़।
वो एक राजकुमारी थी, पर परिभाषा से परे थी,
पुत्र बन पली अवश्य, किंतु अंतर्मन से नारी थी।

सधे हाथों में तीर-कमान, व आँखों में स्वाभिमान,
उसने अपने शौर्य से ख़ुद लिखी अपनी पहचान।
अर्जुन की संगिनी बनी, पर स्वयं को न भुलाया,
कर्तव्य और अस्तित्व का सुंदर संतुलन निभाया।

वही कहानी वर्तमान में फिर से दोहराई जाती है,
जब भारतीय सेना में नारी वर्दी पहनकर आती है।
सीमा पर तैनात ना घबराहट, ना डर, ना सवाल,
दिलों में जोश और आँखों में बसा देश का ख़्याल।

जब "सिंदूर ऑपरेशन" में उन्होंने कमान संभाली,
दूर बैठे दुश्मन ने भी उसकी पराक्रम पहचान ली।
रणनीति, साहस और नेतृत्व का संगम बनकर आई,
प्रत्येक वीरांगना में चित्रांगदा एक बार पुनः मुस्कुराई॥

18. यशोधरा

चुपचाप सहती रही, वो विरह की हर रात,
स्वप्न में ही देखती रही, एक धुंधला साथ।

आभूषण, विलासिता, समस्त न्योछावर किया,
महल में रहकर भी, साध्वी-सा जीवन जिया।

ना कभी कोई आक्रोश, ना कोई प्रश्न उठाया,
पीड़ा को झुठलाकर, मातृत्व का कर्तव्य निभाया।

वो गई नहीं मिलने आत्म-सम्मान था अडिग,
व्यग्र प्रतीक्षा में भी उसका प्रणय रहा अखंडित।

जिसने छोड़ा था सब कुछ, सत्य की तलाश में,
विक्षुब्ध कम नहीं थी वो अपने ही हालात में।

सिद्धार्थ के त्याग की गाथा संपूर्ण जगत ने कही,
यशोधरा की ख़ामोशी में सबसे गहरी तपस्या रही॥

19. पार्वती

घर के आँगन में बसता है, पार्वती सा उजियारा,
उसकी मुस्कान में छुपा है, तप का तीव्र सितारा।

सहती हर पीड़ा हँसकर,कभी ना करती कोई गिला,
जैसे शिव को पाने पार्वती ने, स्वयं को दिया जला।

उसका प्रेम गंगा सा पावन, समर्पण सागर सा गहरा,
हर रिश्ते को सींचे ऐसे, जैसे सावन का हो पहरा।

अन्नपूर्णा बन रसोई में, सुस्वादु व्यंजन परोसती है,
हर एक निवाले में वो,अपने अनुभूति को बोती है।

कभी दुर्गा बन अन्याय पर, वो बिजली सी गिर जाती,
कभी काली बन अपनों हेतु, हर कठिनाई लाँघ जाती।

सृजन की वह मूर्ति है, घर के कोने में हो उसका मान,
अर्द्धांगिनी ही पार्वती है,आपकी शान,आपका अभिमान॥

20. कामवाली

वो हौले से आती है हर सुबह, चुपचाप दरवाज़ा खटखटाती है,
अपने दर्द को दिल में रखकर, हमारा घर सारा संभाल जाती है।

झाड़ू-पोंछा, बर्तन, कपड़े, सब काम हँसकर करती है,
थकी हुई आँखों के पीछे, कितनी दास्ताँ छुपाए रखती है।

उसके घर रोटी बने या न बने, हमें गरम पराठे खिलाती है,
अपने बच्चे को रोता छोड़, हमारे बच्चों को प्यार से सुलाती है।

एक दिन यूँ ही बातों-बातों में मैंने कहा—"सुनो सुमन,
आसान नहीं ये राह तुम्हारी, हर सुबह जैसे कोई रण।

वो मुस्कुराकर धीरे से बोली - "दीदी, बात समझो ज़रा,
बिना हलचल के जीवन लगेगा कितना बेजान, कितना खाली।

थोड़ी-सी चिलमचिल्ली ही तो हमारी जिंदगी को चटकिली बनाती है,
वरना हमारी सारी खुशियां, ख्वाहिशें यूं ही मिट्टी में दफ़न हो जाती है।

21. लक्ष्मी

घर की लक्ष्मी का जो करता अपमान,
वो किस मुँह माँगे देवी से सम्मान।
दीपक की लो भी शर्म से झुक जाती है,
जब घर की नारी ही तिरस्कृत हो जाती है।

मंत्रों की ध्वनि भी तब खोखली रह जाती है,
जब आहों की गूँज दिल में बस जाती है।
जिस आँगन में स्त्री का मान नहीं,
वहाँ ईश्वर की कृपा का स्थान नहीं।

पूजा की थाली क्या फल दे पाएगी,
जब आँखों में पीड़ा ही भर जाएगी।
पहले अपने कर्मों को पवित्र बनाओ,
फिर देवी से आशीष की चाह जताओ।

माँ, बहन, बेटी - हर रूप में सम्मान करो,
गुरु, सहकर्मी - हर रूप में नारी का मान करो।
घर से लेकर समाज तक यही पहचान बनाओ,
नारी के आदर से ही सच्ची उपासना निभाओ॥

www.ingramcontent.com/pod-product-compliance
Lightning Source LLC
Chambersburg PA
CBHW070655240926
51846CB00003BA/933
* 9 7 8 9 3 7 5 4 3 7 0 0 0 *